LES DEUX TABLES

DE LA LOI.

Dans celles d'un Abrégé de la Bible et d'un choix des lettres de Pline.

SECONDE PARTIE

De la *Méthode Méchanique d'Éducation.*

Par Moyse - Platon - Jesus - Pline Dhupay.

CATÉCHISME ET BRÉVIAIRE DU CITOYEN.

[» En ce temps-là le Seigneur me dit : taillez-vous deux tables de pierre comme étoient les premières, et j'écrirai sur ces tables les paroles qui étoient sur celles que vous avez rompues ».

Deutéronome, ch. X, 1 et 2.]

A AIX,

Département des Bouches - du - Rhône,
An XI.

Sur cet *Abrégé de la Bible*, fait selon un principe du livre des *Machabées* II, chap. 2.

» Afin qu'elle pût plaire à ceux qui voudroient la lire, qu'elle se pût retenir facilement par ceux qui sont plus studieux, et qu'elle pût généralement être utile à ceux qui la liroient ».

Sur Pline et ce choix de ses lettres.

» Le secret pour mettre votre fils en état de marcher dignement sur les traces de ceux qui se sont faits un grand nom ; c'est de lui donner un bon guide. Il n'aura pas moins besoin de lui remettre sans cesse devant les yeux leurs portraits, et de lui faire sentir tout le poids que leurs grands noms lui imposent. Il le formera d'abord aux bonnes mœurs et ensuite à l'éloquence, qui ne s'apprend jamais bien sans les bonnes mœurs ».

Lett. de Pline , L. III, let. 3.

SUJETS de mes nouveaux prénoms.

CE n'est pas avec un monde parfait que Jesus, par son exemple auguste et ses saintes leçons, nous enseigna de vivre, parce qu'il les donna dans un âge du monde de perversité générale et au milieu du peuple le plus fanatique, quoique possédant la loi de Dieu ; ce qui fit qu'il ne prêcha que patience, charité, et dévoua sa vie même à ses vertus. Il n'étoit question alors que de supporter des injustices et d'adoucir la méchanceté des hommes. Mais l'esprit humain ayant fait du depuis de grands pas vers la civilisation, j'ai voulu en hâter le progrès, et avec elle de la perfection des mœurs, en faisant disparoître les principales institutions barbares qui restent encore, par mes plans de pratique d'une vie fraternelle & philosophique, et d'une éducation conforme à la nature et à la sagesse : ce qui m'a fait oser prendre le nom de celui qui avoit voulu en rétablir les principes.

Pour les montrer dans leur majesté et leur pureté, j'ai joint aux leçons et aux exemples de cet excellent homme, les histoires naïves et touchantes des patriarches, modèles des mœurs antiques, avec les grandes idées primitives sur la loi de la nature, semées dans l'Ancien Testament, dont pour cela j'ai adopté pour prénom le nom de l'instituteur du peuple, auquel ces histoires et ces maximes furent adressées.

*En conséquence de ces desseins de ma part,
j'ai pris encore pour prénom le nom de ce génie
de la Grèce qui fit seulement le projet de rétablir,
parmi les hommes, des mœurs aussi naturelles dans
son plan de République ou d'éducation de l'homme,
intitulé* de la justice.

*Enfin, j'ai pris pour mon quatrième patron,
Pline le jeune, le plus digne des philosophes que
je connoisse, parce qu'il nous a donné en lui-
même un modèle de la vraie vie civile et privée
d'un sage, dans le recueil de ses lettres, dont j'ai
retranché, dans le choix que j'en ai fait, toutes
celles qui ne vont pas directement à ce grand but,
par la table que j'en présente aujourd'hui, et qui
complette ma deuxième table de la loi, titre de
cet ouvrage ; ainsi vrai* Catéchisme et Bréviaire
du citoyen.

» Sentinelles, qui sur toute la terre veillez
» pour la gloire du Seigneur, appelons-nous
» mutuellement pour nous tenir en activité. Que
» la prière soit pour nous comme un fanatisme
» et une passion, si nous voulons maintenir la
» sécurité de la place.

» Je me tiendrai armé, je veillerai, et j'at-
» tendrai avec une oreille attentive que l'ordre
» du Seigneur se fasse entendre. L'aurore paroîtra
» avant que je sorte de mon poste, pour aller
» me livrer au repos, dit l'*Homme de désir*,
» n.º 93 ».

Avec cet ouvrage admirable de l'auteur du livre
des Erreurs et de la Vérité, imprimé à Lyon chez
Gabrit dès 1790, on pourroit se passer peut-
être de mes extraits et de ces tables, si le portrait
le plus fidèle de la vérité pouvoit en égaler
l'original.

A MADAME BONAPARTE,

ÉPOUSE DU PREMIER CONSUL.

*M*ADAME,

J'ai pris la liberté de mettre sous vos auspices ma Méthode Mécanique d'éducation, méthode naturelle et libre, gratuite pour l'état et la plus économique pour les particuliers, indépendante des maîtres et à la portée de tout élève, de quelque âge qu'il soit, de l'un et de l'autre sexe en tout lieu ; mais sur-tout des mères pour leurs enfans, afin de les faire prétendre à l'unique gloire civique où elles puissent aspirer, et qui n'est pas petite, puisqu'elle consiste à former des hommes et des citoyens ; à ne laisser plus presque toute la nation française dans l'ignorance, voisine de la férocité, où elle a été jusqu'aujourd'hui.

Pourrois-je me flatter, Madame, que si mon ouvrage a ce mérite, il ait eu votre approbation, et que vous l'ayez recommandé aux membres du

Gouvernement, qui peuvent seuls me donner les moyens d'exécuter cette méthode instrumentale du génie et de la vertu, la plus efficace pour l'instruction de l'homme, puisqu'elle s'adresse à ses sens, et qu'elle ne commence pas d'asservir l'ame pour vouloir l'élever ?

Afin d'en montrer au plutôt un effet dans une de ses parties, la plus utile et la plus urgente, la réforme des mœurs, par la religion du cœur, dans l'observance de ses leçons et de ses exemples les plus purs, je désirerois obtenir de votre puissante protection auprès du chef du Gouvernement, de faire graver (sans leurs notes) ces deux tables de la loi, pour être incessamment et à la fois des modèles d'une belle écriture et d'une bonne vie.

Le bon et grand Jean-Jacques ne fut pas formé autrement à la sagesse et à la vertu : c'est par de pareils extraits qu'on l'engagea à copier, afin de l'instruire indirectement ; et ce fut avec l'attrait de moins d'une belle écriture, tel que celui de ma méthode à l'égard de la morale, consistant en un joli format de ces tables burinées, que l'on copieroit exactement sur des cayers égaux, de papier fait exprès et réglé comme le modèle.

Que seroit-ce si un pareil exercice, miroir en miniature de la vertu que chacun auroit produit de sa main à ses propres yeux, étoit accompagné de la lecture du livre même des sujets de ces tables, qu'il se seroit annoncé si agréablement à lui-même, mais qu'il n'auroit pu trouver aussi parfaitement par elles dans les originaux, tels que je les ai rédigés ! Ce seroit-là avoir posé devant son esprit et dans son propre cœur les points de vue de la loi de Dieu, et les avoir plantés précisément entre ses yeux, comme le vouloit le législateur d'un peuple charnel des moindres observances de cet ordre de la nature. Mais si ce livre étoit accompagné de quelques images de la Bible déjà gravées par Mariller, ne seroit-ce pas avoir moulé dans l'ame, par tous les moyens, celle de la divine vertu ?

Ma Méthode Mécanique d'éducation offre tous les instrumens et les machines des arts les plus propres à effectuer leur instruction.

Ces deux Tables de la loi, lorsqu'elles seront burinées en lettres de main, sont le détail d'exécution des moyens d'apprendre la morale inhérente à la religion, et de les pratiquer de tout son cœur.

Ma Ruche humaine, dernier instrument de ma Méthode mécanique d'éducation nationale domestique, qui termine ce code d'institution de l'homme, est comme le plan mathématique de son bonheur ; l'art aussi ignoré de tous que la nature : Malè conscinta à tutti, dit Boccace dans la Fiammete.

L'éducation, la religion et le mariage, les trois angles de la pyramide sociale, forment cette division de mon ouvrage, qui se trouve heureusement celle des trois principaux objets de l'Emile, comme ma Méthode d'éducation est la pratique véritable et aisée de ses principes à cet égard, d'après l'éloge que lui avoit donné l'ami et l'hôte immortel de Jean-Jacques, quoiqu'elle fût encore *imparfaite il y a dix ans. Alors Mr. de Gerardin, président de l'Assemblée nationale, me flatta qu'elle s'empresseroit à concourir à mes vues, ainsi que se l'étoit aussi proposé, mais malheureusement en vain, le Conseil législatif Cisalpin en l'an VI; et que me le fait espérer encore aujourd'hui l'honneur que m'a fait notre corps législatif, d'en aggréer l'hommage par son arrêté du 10 ventose dernier.*

Je suis avec un profond respect,

MADAME,

Votre très - humble et très- obéissant serviteur,

DHUPAY, citoyen d'Aix, Département des Bouches-du-Rhône.

AVIS.

En attendant que j'aie fait buriner ces tables par le secours du Gouvernement ou de la société des Francs-maçons, dont j'ai invoqué à cet effet la philantropie à la fin de l'Abbaye de Thélème ; cette indication de leurs sujets dans les endroits des originaux pourra servir dès à présent à les y trouver : grande avance pour l'établissement de la *philosophie populaire* que j'ai en vue. Les termes de ces tables, qui en offrent comme tous les buts, y exciteront singulièrement : que sera-ce quand elles seront devenues un modèle de belle écriture , étant burinées en lettres de main, puisqu'il est reconnu qu'en transcrivant, on grave, comme matériellement , les choses dans sa mémoire ?

J'avois fait faire , par des bons maîtres d'écriture, de tels modèles de quelques-uns de mes extraits de la Bible , à l'usage de mes enfans ; mais ce moyen est aussi difficile que souvent imparfait et très - coûteux. Lorsque j'aurai le bonheur d'avoir réussi à faire buriner ces tables, et encore à faire imprimer mes extraits , je ne serai plus en peine des mœurs de mes concitoyens, ni de mes enfans, parce qu'ils auront sous les yeux, et comme entre les mains , les modèles qu'ils doivent suivre en religion ou en *morale universelle* ; car telle est l'étymologie véritable de religion, *religare*, recueil de tous nos devoirs. (+)

(+) Dans ce sens notre Trajan a très bien nommé son code civil, *la religion de la société civile*. Note en l'an 12.

x

Pour la copie exacte de ce burin, patron uniforme à l'avenir de la conduite de tous les Français, et des Françaises dont l'ame est aussi négligée et méprisée que celle des femmes des Musulmans, on fera du papier réglé pour suivre exactement ce modèle d'écriture. Puisse - t - on mettre la même fidélité dans son imitation que dans celle de ses leçons même et de ses exemples !

Je noterai par un astérisque, dans la table de mon choix des lettres de Pline, celles qui sont relatives à l'éducation des femmes, d'où dépend leur bonheur et le nôtre ; l'éducation de la postérité et la réformation de la race actuelle même des hommes.

J'ai voulu terminer ce prospectus religieux par des prières et une action de grâces pour chaque jour, comme étant d'une première et urgente nécessité, malgré les cultes solemnels et pompeux qui nous entourent, afin d'obtenir par la prière, l'élévation de notre ame à son auteur, la plus grande grâce de la vertu, celle de lui en consacrer l'hommage, et de nous y aider toujours plus par son divin secours.

Ces prières sont les sections du Pseaume 119, qui semble avoir été fait et divisé ainsi pour en fournir de variées pendant ving-deux jours de suite sur le même sujet, l'amour constant de Dieu et de sa loi. Ce Pseaume est préférable pour cet usage à la prière universelle de Jesus, dont le sens a besoin de l'interprétation qu'il lui donna lui-même, et qui, par l'habitude de la répéter, devient encore moins intelligible que les diverses manières, toutes plus expressives des mêmes sentimens, par l'ancien roi prophète.

C'est par la copie d'extraits des meilleurs livres que, comme les peintres par celles des meilleurs desseins ou des plus beaux objets, J. J. Rousseau fut d'abord indirectement instruit, et qu'il acheva de se former au goût des belles-lettres, ainsi qu'ont fait tous les autres philosophes ; mais j'oserai dire par un modèle moins achevé que celui que j'ai eu le bonheur de composer, et qui peut devenir une instruction uniforme pour la nation : ce qu'il y a de plus heureux, dans un temps où elle peut en avoir un à elle, n'étant plus invinciblement jetée entière dans le moule de la superstition. Ouï, grâces au Concordat, elle a été délivrée de la domination des prêtres par l'égalité que notre sage gouvernement a mise dans ceux de différens cultes : ils ne pourront plus mettre dans leurs entraves, des Français qui voudront suivre la religion de la nature ou de l'Etat, ni dans leurs chaînes, ceux que cette loi auguste et véritable dirige : c'est par là et par le moyen familier que je propose à la sollicitude de ceux qui peuvent et doivent y concourir, qu'on la rétablira pour le bonheur du genre humain et la gloire de son auteur, et que l'on dissipera bientôt toutes les superstitions qui en altéroient la pureté et qui en dégradent la majesté ; car c'est dans ce sens que me l'a montrée le plus grand de nos philosophes, quand il dit : *La majesté des écritures m'étonne, la sainteté de l'Evangile parle à mon cœur.* Ainsi cet ouvrage est l'éphod du grand prêtre de la loi, où on lisoit ce mot : la VÉRITÉ ; et sa thiare sur laquelle étoit gravés : LA SAINTETÉ EST AU SEIGNEUR.

En le destinant à être copié selon l'ordonnance du législateur du peuple de Dieu, et selon une xij

pareille du code des sages Incas de l'ancien Mexique, chacun pourra dire, en se formant une belle plume, comme le petit Joas dans Athalie,

> *J'adore le Seigneur. On m'explique sa loi.*
> *Dans son livre divin, on m'apprend à la lire ;*
> *Et déjà de ma main je commence à l'écrire.*

PREMIÈRE TABLE DE LA LOI.

Celle de l'Abrégé de la Bible.

LES PSEAUMES.

I.ere *PARTIE de la Bible, qui offre d'abord tous les sentimens de ses préceptes et de ses exemples.*

[» Venez, adorons-le, prosternons-nous, et pleurons devant le Seigneur qui nous a créés ». *Ps.* 94.]

PSEAUME
(1).　　I. *Dieu donne au juste un vrai bonheur qui dure*, ps. 1.
　　II. *Dieu touché de ma plainte*, ps. 3.
　　III. *Il m'entend du plus haut des cieux,* ps. 4.
　　IV. *Mon Dieu sait mes allarmes*, ps. 6.
　　V. *O Dieu ! je bénis ta justice*, ps. 7.

---

(1) Je fais usage de la traduction en vers de Marot, comme la plus simple et la plus pathétique, et ainsi la plus conforme à la naïveté poëtique des Pseaumes. Je me suis servi pour les autres livres de la Bible, de celle de Sacy.

J'ai peu fait de retranchemens de versets dans les Pseaumes ; mais beaucoup dans les chapitres indiqués dans le reste de cette table, et qui en réduisent quelquefois plusieurs à la valeur d'un seul : c'est ce qui rend très-nécessaire la prompte publication de mes extraits, dont cette table fera juger de l'importance à la vertueuse société dont j'ai réclamé le secours.

____

(1) Jusqu'à la 2.ᵉ pause et le 2.ᵉ verset exclu.

---

(1) Les 4 premiers versets seulement.

(2) Jusqu'au 15.e verset inclusivement.

(3) Jusqu'au mot *réjoui* du 3.e verset : mettre, *Et ton saint lieu m'a réjoui.*

LXVIII.

---

(1) Actions de grâces après les repas et dans toute occasion de reconnoître les bienfaits de Dieu.

(2) Ce pseaume est le plus beau soliloque de l'ame sur l'amour et l'observance de la loi de Dieu. L'auteur revient sur ce sujet dans toutes ses divisions notées d'une lettre hébraïque. Mais comme la répétition d'un même sentiment devient dans une seule lecture moins sensible, j'ai imaginé de faire de chacune de ces divisions ma prière du soir et du matin, pour mieux graver chaque jour dans mon cœur une des pensées du prophète sur cet important sujet, et mettre ainsi dans nos prières journalières une variété nécessaire pour exciter notre attention à ce devoir, et pour laquelle il semble que ce pseaume, si utile pour son objet, ait été expressément fait.

Il a vingt-une divisions, qui sont peut-être le nombre des lettres de l'alphabet hébreu : ainsi il fournit de prières pour 21 jours. Puissent les fidèles à la loi de Dieu, par l'habitude qu'ils prendront à les repasser, distinguer les divers sentimens pour l'unique objet de leurs vœux, et qu'elles deviennent pour eux comme l'alphabet de leur religion !

B

CANTIQUE

Relatif à l'*Abrégé des Pseaumes et de l'Écriture
Sainte.*

Laisse-moi désormais,
Seigneur, aller en paix ;
Car selon ta promesse,
Tu fais voir à mes yeux
Le salut glorieux
Que j'attendois sans cesse.

Salut, qu'en l'univers
Tant de peuples divers
Vont recevoir et croire ;
Ressource des petits,
Lumière des gentils
Et des Français la gloire.

LES AUTRES LIVRES DE LA BIBLE

OU

DE L'ANCIEN TESTAMENT.

IIme *PARTIE.*

[» La sagesse a été justifiée par tous ses enfans ». *Luc VII.* 35.]

GÉNÈSE.

CHAPITRE Ier

CRÉATION *du monde, de l'homme et de sa loi,* Génèse, *du ch.* 1.er *au* 9.^e

II. *Agar dans le désert.* [» Dieu écouta la voix de l'enfant ».] ch. 16 et 21.

III. *Inceste des filles de Loth.* [» Il n'est resté sur la terre aucun homme qui puisse nous épouser selon la coutume ».] ch. 19.

IV. *Sacrifice d'Abraham.* [» Le Seigneur verra sur la montagne ».] 22 (1).

---

(1) Mon fils Victorin, âgé de 7 ans, me montra l'effet de l'exemple de la soumission d'Isaac, sur un ordre que je lui donnai pour l'éprouver. Venant se mettre à table, sa sœur avoit pris sa place, et n'y en ayant pas d'autre à cause de l'arrivée d'un étranger, le voyant embarrassé, je lui dis : va te tenir debout de delà contre le mur. Se rappelant alors l'obéissance d'Isaac, il vint me dire tout charmé à l'oreille, qu'il l'imitoit. Sa modestie n'a jamais pu souffrir, tant qu'il a été enfant, que j'aie raconté ce trait devant lui.

vertu d'Abigaïl. [» Abigaïl étoit très-prudente et fort belle ; mais pour son mari c'étoit un homme dur, brutal et très-méchant ».] liv. I, ch. 42.

XXXIII. *Fidélité de David envers Saül son ennemi.* [» Le Seigneur rendra à chacun selon sa justice et sa fidélité ».] (1) Rois, liv. I, ch. 26.

XXXIV. *David apprend la mort de Saül et de son fils Jonathas son ami.* [» Comment les forts sont-ils tombés ! Comment la gloire des armes a-t-elle été anéantie ! »] liv. II, ch. 1.

XXXV. *David veut bâtir un temple.* [» Nathan dit au roi : allez, faites tout ce que vous avez dans le cœur, parce que le Seigneur est avec vous ».] liv. II, ch. 7.

XXXVI. *David est repris de son péché : sa pénitence.* [» Pourquoi donc avez-vous méprisé ma parole jusqu'à commettre le mal devant mes yeux ? »] liv. II, ch. 12 ou 22.

XXXVII. *Salomon demande la sagesse : son jugement.* [» Je vous supplie de donner à votre serviteur un cœur docile, afin qu'il puisse juger votre peuple, et discerner entre le bien et le mal ».] liv. III, ch. 3.

XXXVIII. *Salomon dédie à Dieu son temple.* [» Afin que tous les peuples de la terre sachent que c'est le Seigneur qui est le vrai Dieu ».] (2) liv. III, ch. 8.

---

(1) J'ai fait tous ces extraits avec attendrissement, mais celui-ci avec larmes ; et le suivant a mis le comble à mes transes d'admiration pour l'homme de Dieu.

(2) Ainsi j'ai dédié, ce matin 27 germinal, ma *Ruche Humaine*, immédiatement après l'avoir livrée à l'impression. M'étant allé promener tout de suite au charmant Cours de Saint-Louis de cette ville d'Aix, comme pour y attester, à la belle vue champêtre qu'il

XXXIX. *Le roi Achab se rend maître de la vigne de Naboth.* [» Le voilà qui va dans la vigne de Naboth pour s'en rendre maître ».] liv. III, ch. 21.

XL. *Cause de la captivité des dix tributs d'Israël.* [» Ainsi ces peuples ont craint le Seigneur ; mais ils ont servi en même-temps les idoles ».] liv. IV, ch. 8.

XLI. *Prière du roi Ezéchias, protégé de Dieu.* [» Le zèle du Dieu des armées fera ceci.] liv. IV, ch. 19.

XLII. *Prière du roi Ezéchias dans sa maladie, exaucée.* [» J'ai entendu votre prière et j'ai vu vos larmes, et vous allez être guéri. ».] liv. IV, ch. 20.

XLIII. *Orgueil d'Ezéchias repris et puni.* [» La parole du Seigneur que vous m'avez annoncée est une parole juste ».] liv. IV, ch. 21.

XLIV *La lecture du livre de la loi effraie Josias.* [» Nos pères n'ont point écouté les paroles de ce livre et n'ont point fait ce qui nous avoit été prescrit ».] liv. IV, ch. 22.

XLV. *Offrandes à Dieu des chefs des maisons, préparées par David pour l'édification du temple que devoit élever Salomon son fils.* [» Tout est à vous, et nous ne vous avons présenté que ce que nous avons reçu de votre main ».] les Paralipomènes, liv. I, ch. 29.

---

offre, et la terre et le ciel de mes vœux pour l'un et pour l'autre, mes pas m'ont porté, à son extrêmité, dans la simple église de *la Charité* : là, animé de ce premier sentiment des humains, j'ai offert mon ouvrage au maître des cœurs, ainsi que je fais actuellement de celui-ci, et il me sembloit que ce maître-suprême me disoit, comme David à son fils Salomon : *Ne craignez rien, et ne vous étonnez de rien ; car le Seigneur ne vous abandonnera pas que vous n'ayez achevé tout ce qui est nécessaire pour le service de la maison du Seigneur.*

XLVI. *Songe de Salomon que la dédicace de son temple a été reçue de Dieu.* [» J'ai choisi ce lieu et je l'ai sanctifié, afin que mon nom y soit à jamais, et que mes yeux et mon cœur y soient toujours attachés ».] liv. ii, ch. 7.

XLVII. *La reine de Saba vient voir Salomon.* [» Béni soit le Seigneur votre Dieu qui a voulu vous faire seoir sur son trône, et vous établir roi pour tenir la place du Seigneur votre Dieu ».] liv. ii, ch. 9.

XLVIII. *Jérusalem rebâtie par la permission de Dieu, par les prières de Néhémie.* [» Le roi me dit : que me demandez-vous ? Je priai le Dieu du ciel ».] Esdras, liv. ii, ch. i et 2.

XLIX. *Résignation de Tobie devenu aveugle.* [» Ayant toujours craint Dieu dès son enfance ».] Tobie, ch. i, 2 et 3.

L. *Avis de Tobie à son fils.* [» L'aumône délivre de tout péché et de la mort ».] ch. 4, 12 et 5.

LI. *Actions de grâce de Tobie ayant recouvré la vue.* [» Je vous bénis Seigneur de ce que vous m'avez châtié et que vous m'avez guéri ».] ch. 11 et 13.

LII. *Instruction de Tobie à ses petits-fils.* [» Tous ses alliés et tous ses enfans persévé-rèrent avec fidélité dans la bonne vie ».] ch. 14.

LIII. *Achior ayant raconté à Holopherne l'his-toire du peuple de Dieu.* [» Le Dieu de nos pères, dont vous avez raconté la puissance, vous récompensera ».] Judith, ch. 5 et 6.

LIV. *Béthulie assiégée par Holopherne, et dé-livrée par la sainte veuve Judith.* [» Car Dieu ne menace point comme un homme, et il ne s'enflamme point de colère comme les enfans des hommes ».] du ch. 7 au 14.

LV. *Actions de grâces des habitans de Béthulie et cantique de Judith.* [» Comblée de joie de vous voir demeurer vainqueurs, moi sauvée et vous délivrés ».] ch. 15 et 16.

LVI. *Prières de Mardochée et d'Hester pour sauver leur nation de la proscription suscitée par Aman.* [» Jamais votre servante ne s'est réjouie qu'en vous seul, ô Seigneur, Dieu d'Abraham. »] Esther., ch. 13 et 14.

LVII. *Lettre du roi Artaxercès sur ceux qui, comme son infidelle ministre Aman, abusent de la bonté des princes pour opprimer leurs sujets.* [» C'est pourquoi nous devons pourvoir à la paix de toutes les provinces ».] ch. 16.

LVIII. *Patience de Job sur son fumier.* [» L'espérance qui vous sera proposée vous remplira de confiance ; et entrant dans le sépulcre vous dormirez en une assurance entière ».] Job., ch. 1, 2, 4, 7, 9, 11, 12, 13, 15, 18, jusqu'au 29.e

LIX. *Fruit de la patience de Job.* [» J'ai péché, j'ai vraiment offensé Dieu et je n'ai point été châtié comme je le méritois ».] du ch. 23 au 28.

LIVRES SAPIENTIAUX DE SALOMON :

Les Proverbes , l'Ecclésiaste , le cantique des cantiques , et la sagesse.

[» Prêtez l'oreille, écoutez les paroles des sages et appliquez votre cœur à la doctrine que je vous enseigne. Vous en reconnoîtrez la beauté, lorsque vous la garderez au fond de votre cœur : et elle se répandra sur vos lèvres : elle vous servira à mettre votre ame dans le Seigneur : c'est pour cela que je vous l'ai représentée aujourd'hui. Je vous l'ai écrite triplement avec méditation et avec science, pour vous faire voir la certitude des paroles de la vérité.

Proverbes , chap. 22. ».]

LES PROVERBES.

LX. *Instruction de Salomon à ses enfans sur les avantages de la sagesse.* des ch. 4, 7 et 8.

LXI. *Paraboles de Salomon.* du 9 au 15.

LXII. *Nos cœurs, le domaine du Seigneur.* ch. 16.

LXIII. *Prix de la médiocrité et de l'amitié. Ce que valent l'injustice et la paresse.* du ch. 17 au 21.

LXIV. *Bonne réputation , prospérité du juste.* ch. 12, 13 et 24.

LXV. *Suite des paroles de Salomon.* ch. 25, 26, 27, 29, 30 et 31.

Succint du livre de l'ECCLÉSIASTE.

[» Il rechercha des paroles utiles et il écrivit des discours pleins de droiture et d'équité ».]

l'Ecclésiaste , ch. 13.

LXVI. *Vanité des richesses.* du 1.er ch. au 12.e

LXVII. *Emblême du zèle de la charité dans le sceau du pacifique*, au CANTIQUE DÉS CAN-TIQUES. ch. 8.

LA SAGESSE.

[» Car Dieu a créé l'homme immortel : il l'a fait pour être une image qui lui ressemble ».]

Sagesse , ch. 2.

LXVIII. *La sagesse consiste dans l'amour de Dieu et dans la justice.* ch. 1.

LXIX. *Les gens du monde sont opposés à la sagesse et au sage , qui est le vrai fils de Dieu.* chap. 2.

LXX. *Les ames des justes dans la main de Dieu ; celle des méchans abandonnées de lui.* ch. 3.

LXXI. *Différence dans la mort du juste et dans celle de l'impie.* ch. 4.

LXXII. *Regrets des impies à la vue de la gloire des justes.* ch. 5.

LXXIII. *Avis aux grands et aux juges.* ch. 6.

LXXIV. *Admirables effets de la sagesse dans celui qui l'a recherchée et trouvée.* ch. 7.

LXXV. *Propriété de la sagesse en toutes choses.* ch. 8.

LXXVI. *Prière pour obtenir la sagesse ,* ch. 9.

LXXVII. *Exemples des effets de la sagesse dans quelques Patriarches.* ch. 10, 11 et 12.

LXXVIII. *Vanité et abomination des idolâtres et de ceux qui adorent plusieurs Dieux.* ch. 13 et 14.

LXXIX. *Bonheur des vrais adorateurs de Dieu, et malheur des idolâtres et des despotes superstitieux ou imposteurs.* ch. 15.

L'ECCLÉSIASTIQUE

De Jesus , fils de Sirac.

[» C'est en cette manière que Jesus mon ayeul, après s'être appliqué avec grand soin à la lecture de la loi et des prophètes , et des autres livres que nos pères nous ont laissés , a voulu lui-même écrire de ce qui regarde la doctrine et la sagesse ».]   *Prologue.*

---

(1) Pour ne pas scandaliser les philosophes qui sont forts , en suivant le culte du vulgaire , il ne faut pas scandaliser le peuple qui est foible , en ne le suivant pas. Il faut donc , pour l'édification de nos concitoyens , faire ce que nous ferions par honnêteté chez des étrangers d'un tout autre culte que celui établi dans notre pays. Nous devons même nous y attacher fidellement , parce qu'ils embrassent tous la religion naturelle , et ne les

---

regarder que comme des différens costumes. D'ailleurs notre religion catholique, romaine est une méthode mécanique admirable du culte naturel. Voyez la méthode de bien entendre la messe dans la *Vie dévote* de Saint-François de Sales. Pour moi je pleure aux grand'messes et Buffon pleuroit à vêpres.

ISAIE.

[» Alors la frayeur leur saisit le cœur et les mains ; ils furent agités comme une femme qui est dans les douleurs de l'enfantement. Ils invoquèrent le Seigneur plein de miséricorde : ils étendirent leurs mains et les élevèrent au ciel, et le saint, le Seigneur notre Dieu écouta bientôt leur voix. Il ne se souvint point de leurs péchés et ne les livra point à leurs ennemis ; *mais il les purifia par les mains d'Isaïe son saint prophète* ».]

Ecclésiastique, ch. 48.

---

(1) Voyez comme Jésus-Christ sut tirer parti des paroles de ce prophète, pour donner le même crédit à sa mission, en S.t-Luc, chap. IV : c'est ainsi que le zèle des chrétiens pour sa doctrine lui appliqua plusieurs autres passages des Prophètes pour en faire plus qu'un homme, en faisant des Prophètes autant de sorciers.

JÉRÉMIE.

[» Qui est celui qui a dit qu'une chose se fait sans que le Seigneur l'ait commandé ? Ne suis-je Dieu que de près, dit le Seigneur ? ne le suis-je pas aussi de loin ? Celui qui se cache se dérobe-t-il à moi, et ne le vois-je point, dit le Seigneur ? N'est-ce pas moi qui remplis le ciel et la terre ? »

Jérémie.]

BARUCH.

[» Nous sommes heureux, ô Israël, parce que
Dieu nous a découvert ce qui lui est agréable ».
Baruch].

CXXVII. *Prière pour le peuple dans la captivité
qu'il a méritée.* ch. 1, 2 et 3.

CXXVIII. *Exhortation au peuple sur la sagesse,
la vraie science.* ch. 3, 4 et 5.

OSÉE.

[» Samarie a changé en amertume la douceur de
son Dieu ». *Osée*].

CXXIX. *Bonheur de la conversion.* ch. 14.

AMOS.

[» Le Prophète a dit : le Seigneur rugira du haut
de Sion : il fera retentir sa voix du milieu de
Jérusalem : les pâturages seront désolés, le haut
du Carmel deviendra tout sec ». *Amos*].

CXXX. *Punition que nous avons vue des
crimes que nous avons vus et que nous voyons.
Dernière exhortation.* ch. 3, 4, 5 et 6.

ABDIAS.

[» Ceux qui doivent sauver le peuple monteront
sur la montagne d'Esaü, et le règne demeurera
au Seigneur ». *Abdias.*]

CXXXI. *Prophétie contre l'Idumée.* ch. 1.

MALACHIE.

[» Le Seigneur s'est rendu attentif à leurs paroles ;
il les a écoutées, et il a fait écrire un livre qui
lui doit servir de monument, en faveur de ceux
qui craignent le Seigneur, et qui s'occupent de
la grandeur de son nom ». *Malachie.*]

CXXXII. *Prophétie d'anathème et de bénédiction.* ch. 3.

LES MACHABÉES.

[» Mais ils dirent : mourons tous dans la simplicité
de notre cœur, et le ciel et la terre seront témoins
que vous nous faites mourir injustement »;
Les Machabées.]

CXXXIII. *Histoire édifiante de la fidélité et
du courage de Mathatias et de sa famille pour la
loi de Dieu.* liv. 1, ch. 1.

CXXXIV. *Juste et saint héroïsme de Simon,
élu chef du peuple d'Israël et prince des prêtres,
reconnu et loué par les Lacédémoniens et par les
Romains.* ch. 14.

CXXXV. *Dieu consolé par la constance de ses
adorateurs.* liv. II, ch. 5, 6 et 7.

CXXXVI. *Victoires de Judas Machabée, l'effet
de sa confiance en Dieu.* ch. 8 et 9.

CXXXVII. *Blasphème de Nicanor puni de
mort.* ch. 15.

L'ÉVANGILE ET LES APOTRES

OU

LE NOUVEAU TESTAMENT.

IIIme *PARTIE de la Bible.*

[» Il est écrit dans les prophètes :
ils seront tous enseignés de Dieu ».
Jean VI. 45.]

CHAPITRE Ier

MISSION *de Jesus* (1). Luc, ch. 4, du verset
15 au 22.
II. *Sermon sur la montagne.* Mathieu, ch. 4,
5, 6 et 7.

---

(1) » *Mais où Jesus avoit-il pris,* dit Rousseau, *chez*
» *les siens cette morale élevée et pure dont lui seul a donné*
» *les leçons et l'exemple ?* »
C'est dans la Loi et les Prophètes, dont il dit lui-même
avoir résumé la doctrine dans les deux commandemens
d'aimer Dieu et le prochain ; c'est sur-tout dans le livre de
l'Ecclésiastique de Jesus, fils de Syrac, dont le plan
d'éducation au chap. 51 fut le patron de la sienne et le
modèle de sa doctrine, comme il se trouva l'histoire de
son enfance exposée à la cruauté d'Hérode ; c'est dans les
livres des Prophètes et dans l'exemple de leur vie et de leur
mort ; c'est enfin dans l'exemple héroïque du dernier roi
des Juifs, Judas Machabée ; mais plus particulièrement
encore dans celui de Josué, dont l'éloge qu'en fait
l'Ecclésiastique, chap. 46, fut pour Jesus, selon moi,
un autre modèle d'émulation par rapport à son nom,

---

et à l'objet de l'héritage éternel des hommes. » Jesus
» Navé a succédé à Moyse dans l'esprit de prophétie.
» Il a été grand selon le nom qu'il portoit ; et très-grand
» pour sauver les élus de Dieu, pour renverser les ennemis
» qui s'élevoient contre lui, et pour acquérir à Israël la terre
» qui étoit son héritage. Combien s'est-il acquis de gloire
» lorsqu'il tenoit ses mains élevées, lorsqu'il lançoit ses
» dards contre les villes ? »

prochain singulièrement en Jesus ; et dans l'union de son esprit et de son nom. du ch. 13 au 17.

XXXIX. *Union des premiers chrétiens dans le nom de Jesus Christ et dans la parfaite fraternité de la communauté de vie.* Actes des apôtres, ch. 2.

XL. *Discours de Saint Paul à l'Aréopage, contre l'idolâtrie.* ch. 17.

XLI. *Concordat sous les auspices des Proconsuls romains pour la religion de Paul avec les sectaires de celle de la déesse Diane.* ch. 19.

XLII. *Fin de la mission de Saint Paul à Rome. Pureté de sa conduite dans l'apostolat et prédiction de celle opposée de ceux qui le suivront.* ch. 20.

XLIII. *Evangile de Jesus-Christ, conforme à la loi naturelle et contraire aux mœurs des gens du monde.* Epît. de Saint Paul aux Romains, ch. 1 et 3.

XLIV. *Vertus évangéliques.* ch. 12, 13, 14 et 15.

XLV. *Sagesse de l'Evangile, folie pour le monde.* Epît. 1 de Saint Paul aux Corinthiens, ch. 1, 3 et 4.

XLVI. *Tableau de la charité.* ch. 13.

XLVII. *De la résurrection de l'homme : arrhes de cette résurrection.* ch. 15 et de la II.e épît. 4 et 5.

XLVIII. *Aumône, moyen de l'égalité fraternelle des hommes ; source de bénédiction et d'actions de grâces.* Epître 1, ch. 16. II, 8 et 9.

XLIX. *Exhortation à la résignation.* Saint Paul aux Ephésiens, ch. 4, 5 et 6, et aux Colossiens, ch. 3.

L. *Règle pour la vie et pour la mort.* Saint Paul aux Thessaloniciens, ch. 4 et 5.

FIN de la Table

de l'*Abrégé des Pseaumes et de l'Ecriture Sainte.*

DEUXIÈME TABLE DE LA LOI

DANS

LE CHOIX DES LETTRES DE PLINE.

> » Les Lettres de Pline , mieux que tous les préceptes , apprennent aux hommes de tous les siècles à se connoître et à se régler eux-mêmes » (1).
>
> *Préf. du traducteur des Lett. de Pline,*
> *Mr. de Sacy de l'Académie française.*

I.ere LETTRE.

*O*CCUPATION *des belles lettres ,   seule oisiveté honnête. Liv.* I *, lett.* 3.
II. *Prudence dans les réponses. lett.* 5.

---

(1) *N'écoutez pas les philosophes* , prêchent les prêtres. Ils auroient dû se passer de mal parler des philosophes auxquels ils sont d'abord redevables de leurs places , et ensuite à cause de leur nom respectable , égal à celui des prophètes , dans tous les temps supérieurs et censeurs des prêtres , étant inspirés directement de l'Esprit saint de Dieu , si l'humanité est le premier don du ciel ; et que Pline , ainsi que Jesus , en ayent donné la leçon et l'exemple mieux que de sots prédicateurs qui ignorent souvent le nom de la philosophie , qui veut dire *amour et raison de la sagesse* ; et celui de christianisme qui veut dire *règne de Dieu* , rétabli par un roi qui ne se disoit pas

---

de ce monde, et avoit raison, pour contredire l'attente des Juifs charnels, si souvent et inévitablement esclaves des redoutables monarques qui les entouroient, et sous les lois desquels ils devoient savoir souffrir.

(1) Les accens romains d'Horace qui chante ce bonheur dans une de ses Epîtres, viennent de nous être transmis par le fidelle traducteur de l'art poëtique, mon ami Dadaoust.

barreau et pour les auteurs dans le goût du public pour les sciences. lett. 16.

XXXIV. *Devoir de défendre les causes de ses amis et de leurs enfans.* lett. 17.

XXXV. *Supériorité du grec sur le latin.* lett. 18.

XXXVI. * *Harmonie parfaite de l'homme avec la femme par leur esprit dans l'exemple de Pline et son épouse.* lett. 19 (1).

XXXVII. *Éloge d'un ouvrage accompli.* lett. 20.

XXXVIII. *Amitié doit aller en-delà du tombeau.* lett. 21.

---

(1) Cette lettre représente bien la femme, telle qu'elle doit être, un charmant miroir de l'homme; mais afin qu'elle le fût toujours parfaitement, et que tous les hommes méritassent d'être réfléchis ainsi, il ne faudroit pas qu'un homme et une femme fussent esclaves l'un de l'autre par le lien conjugal. Les hommes et les femmes seroient alors véritablement miroirs les uns des autres: la force, la majesté, le courage et la raison des uns, et les grâces, la beauté, la finesse de l'esprit et la délicatesse du sentiment des autres se prêteroient des mutuels secours et formeroient une véritable harmonie libre, enchanteresse dans leur commerce mutuel.

J'ai exprimé ces idées (développées, prouvées par la constitution des deux sexes et rendues praticables dans la société par ma *Ruche Humaine ou l'Abbaye de Thélème*, institution primitive de la nature) dans un monument que j'ai élevé, sur mon bureau, à l'amour général des deux sexes. C'est un globe soutenu par un piedestal. Sur celui-ci on voit deux cœurs espacés et enflammés, avec cette inscription dans le style et l'ancienne langue lapidaire : *In duos constat genus humănum, et in unum amorem.* Sur le globe on lit : En tête, NATURÆ LEX. Ensuite : *Hominum mulieres specula. Homines specula mulierum, et simul specula dei. Hinc consorores et confratres inter se vocant omnes ; filii unius patris, et consortes unius amoris, universo amori dei similioris.*

---

(1) Si vous prenez le mariage de son meilleur côté, celui de l'amour , c'est une tendresse la plus inquiète et un vrai tourment dans l'absence des époux, sur-tout dans les maladies dangereuses , et le déchirement le plus

---

cruel à la mort. Voilà le sort d'un amour exclusif et les coups de son grand et unique dard, sans parler de ceux que reçoit la tête ou le cœur d'une autre sorte de perte : c'est alors un véritable écartelement de soi-même et une mort lente, qui ne finit qu'avec le dernier battement du cœur.

Si l'on considère le mariage accompagné de l'antipathie des esprits et des cœurs, c'est le supplice d'un être vivant, lié pour toujours avec un cadavre ; ou la fureur de deux serpens jetés dans un même sac, ou l'effort continuel à s'éloigner de deux arbres d'une différente espèce se trouvant trop près l'un de l'autre. En un mot, la terrible alternative de cet état, représentation factice de l'amour général, est qu'il faut y être malheureux par l'amour exclusif, ou misérable par son défaut.

Soit dans l'un ou dans l'autre cas, c'est l'amour privé de ses aîles innocentes et légères : de plus, enchaîné comme un criminel condamné aux fers, bien qu'il soit le plus pur souffle de la nature, et que le zéphir soit son emblème heureux.

Tandis qu'une sanglante révolution travaille à la Chine à la liberté des femmes et par-là à celle des hommes, liberté, la plus directe pour les humains, je combats en France le despotisme conjugal qui est le plus cruel de tous, étant la guerre à mort de tous les citoyens par couple comme aux noïades. Mes armes sont plus douces et aussi victorieuses : c'est par des tableaux du bonheur de la liberté de mon *Alcoran Républicain*, de mon *Règlement et Maison de la Journée heureuse*, de ma *Ruche humaine* où *l'Abbaye de Thélème*, et de ma *Méthode Méchanique d'éducation à la portée des mères*, qui leur permet de l'être sans être épouses, jusqu'ici le prétexte le plus plausible d'une association contre la nature, qui fait que j'adopte bien, quant à la destruction de sa tyrannie, cette maxime des insurgés Chinois, d'un de leurs philosophes : *le sage est à lui sa loi et son roi*. Il n'y a que les foux qui se lient et que les insensés qui se mettent sous un joug.

____

(1) C'étoit des condamnés à mort : mais ce spectacle étoit d'autant plus horrible. On achevoit de rendre bêtes

---

féroces des malheureux qu'il auroit été bien plus beau de faire devenir hommes, si l'on avoit eu les idées d'humanité qu'inspirent aujourd'hui parmi nous le progrès de la philosophie, et que l'empereur Joseph mit même à moitié en pratique en détruisant la peine de mort.

(1) Par l'effet piquant de ce contraste, je trouve qu'un habit simple, et même tout-à-fait rustique, sied le mieux du monde à une belle ou jolie personne et qui a du mérite. De sorte que celles-ci, pour ne pas ressembler à celles qui ne peuvent se passer d'une grande parure, devroient y renoncer, comme je vois dans un journal de ce mois de floréal an XI, que les dames à Paris ont adopté les coëffes plates des paysannes. Combien le reste de ce costume releveroit leur amabilité et leur gentilles manières, ou leur esprit! Combien cette mode influeroit sur les classes inférieures du peuple pour la plus noble émulation; ce qui feroit briller encore la douce égalité, en détruisant l'orgueil farouche et inhumain, fils de la vanité, mère imbecille!

----

(1) C'est sans doute par le progrès continuel de nos lumières. Telle est aussi l'histoire des sciences et du goût pour cette raison.

(2) Avec de l'esprit et la connoissance de la véritable liberté, qui consiste dans celle des lois de la nature, laquelle règne depuis long-temps en France, et sur-tout à Paris, ville la plus polie de l'univers depuis un demi-siècle, celui de la philosophie, on pourroit trouver plusieurs exemples pareils. Mais un contrat qui exige tant de savoir et de vertu ne doit pas avoir lieu pour le vulgaire, puisque Rabelais n'en croit dignes que les anciens habitans de l'Abbaye de Thélème de son *Pentagruël*, et ne le permet jamais à son héros.

C'est par l'établissement de ce barbare droit, qui

modèle pour les enfans dans un père vertueux.
ett . 13.

XCV. *Le vrai sage a de l'humanité, de la sensibilité et de la raison.* lett. 16.

XCVI. *Nos amis de plaisir seulement ne sont pas les vrais ; tout étant mêlé dans la nature, l'enjoué et le sérieux.* lett. 21.

XCVII. *Celui qui hait les vices, hait les hommes.* lett. 22.

XCVIII. * *Modèle d'un brave jeune homme.* lett. 23.

XCIX. *Ne rien entrependre sur la dignité, sur la liberté, ni même sur la vanité de personne. Respecter Athènes et la Grèce. Devoir d'un gouverneur humain d'un peuple libre.* lett. 24.

C. *L'immortalité ou la mort : la gloire future étant le complément du bonheur actuel.* liv. IX, lett. 3.

CI. *L'amour des petits attire et entraîne celui des grands pour nous.* lett. 5.

---

fait renoncer un homme à toutes les femmes, hors à une seule , laquelle il dévoue par passion autant que par vengeance à un esclavage d'autant plus affreux, qu'il est mêlé de sentimens plus doux. Contradiction que l'homme s'efforce en vain de s'expliquer , quand il n'a pas la clef des effets des erremens de l'ordre de la nature. Bien plus il se dévoue lui-même, comme le parricide Barnevell, à un pareil esclavage par un fanatisme commandé et consacré par les lois, ainsi que tant de millions de tremblantes esclaves s'honorent encore de leurs chaînes dans tout l'Orient qui commence pourtant à son extrémité à se révolter contre tant d'indignité. Puisse la lumière briller à la fois des deux bouts du continent et diriger tous les cœurs capables de sentiment vers la liberté individuelle, l'essence du cœur humain !

CII.

D

CXVII. *Louables hardiesses d'un orateur.* lett. 26.

CXVIII. *Divinité de l'Histoire par son pouvoir sur les esprits.* lett. 27.

CXIX. *Manière exacte de répondre aux lettres.* lett. 28.

CXX. *Libéralité, sans espoir d'aucun retour ni de gloire ni d'intérêt, la plus libérale. Règles pour l'économie charitable.* lett. 30.

CXXI. *Histoire curieuse de l'attachement du dauphin pour l'homme envers un enfant.* lett. 33.

CXXII. *Le bonheur du genre humain, objet le plus digne du gouvernement d'un empereur.* L. X, lett. 1.

CXXIII. *Respect de Trajan pour l'état des fortunes des particuliers, fondées sur les largesses mêmes des deniers publics.* lett. 112 (1).

---

(1) A plus forte raison cet Empereur eût eu le même respect pour les fortunes des particuliers, fondées par leurs propres deniers, et toute leur ressource ; ou par des concessions de leurs biens-fonds, si avantageuses à la richesse de l'état et au secours du pauvre, lesquelles leur auroient été soustraites depuis plusieurs années par des lois de circonstance de détresse du gouvernement, ou d'encouragement pour une classe de citoyens qui, ayant reçu d'autres sa fortune, plonge aujourd'hui dans la misère ceux de qui elle la tient.

Ce que l'on doit attendre de celui qui est venu de la *Bonne part*, pour remédier à plusieurs autres injustices aussi criantes, il l'a montré par tous les faits et gestes de son esprit divin ou par toutes ses intentions ; mais comme il ne peut employer que des moyens humains dans sa grande mission, il fera avec le temps tout ce que Dieu feroit dans un moment. Il sait que *le bonheur du genre humain est le soin le plus digne d'un homme en sa place.*

Voici la lettre de Trajan.

Trajan à Pline.

» Comme mes édits défendent les largesses qui se
» font des deniers publics : aussi la sûreté du grand
» nombre de particuliers, dont la fortune seroit ruinée
» si l'on révoquoit toutes les donations de cette espèce
» faites depuis un certain temps, demande que l'on
» n'y touche pas. Laissons donc subsister les actes de
» cette nature, faits il y a depuis plus de vingt ans.
» Car je ne veux pas avoir moins d'attention au repos
» des habitans de chaque ville, qu'à la conservation des
» deniers publics ».

Cette lettre est en réponse d'une précédente de Pline
pour la conservation d'une gratification de la ville des
Amisiniens, et du consentement de son sénat, pour
Jule Pison, *qui avoit presque épuisé tout son bien pour
elle. Lett. III. L. x.*

Le bon peuple chez nous est tellement pénétré de la justice
de cette redevance envers les propriétaires des fonds qu'il
en avoit reçu, et qu'il avoit commencé à payer avec
arrérages, même sans attendre des nouvelles lois d'un
gouvernement plus juste ; mais instruit de la tyrannie
de l'ancien et des doutes que le nouveau y a mis, il
craint que s'arrogeant les revenus des propriétaires
fonciers, il ne le force à le repayer. D'où il importe
pour la gloire du gouvernement actuel, de faire cesser
au plutôt une telle idée (au moins pour ceux qui sont
dans la bonne volonté de payer), sans attendre une
nouvelle session du corps législatif, tant pour l'inté-
grité des sentimens de ceux-ci, que pour le bien de
ceux qui en profitent, et même pour la partie restante
des pauvres à qui les riches redoutent de faire désormais
aucune sorte de concession de fonds ; ce qui fait un
grand tort à l'état.

F I N.

De la deuxième Table de la Loi.

Nota. Je travaille actuellement à une autre espèce de
Table que je pourrois appeler les LEÇONS DE LA

NATURE; c'est les *Sujets* et *moralités des Fables de la Fontaine* pour l'instruction publique et l'incitation à lire en entier ce poëte, le plus grand des philosophes par sa méthode méchanique des leçons de morale. Mais j'ajouterai à cette Table, en les faisant buriner, les *Maximes d'éducation* de madame de Genlis, en 4 ou 5 pages, que tous les jeunes gens devroient savoir par cœur.

www.ingramcontent.com/pod-product-compliance
Lightning Source LLC
Chambersburg PA
CBHW061325060726
47596CB00003B/1080